Le[redacted]rabe

[redacted]stufe

W0395795

Usch Luhn

Pimpinella Meerprinzessin und der Delfin

Mit Bildern von Betina Gotzen-Beek

Ravensburger Buchverlag

Bibliografische Information der Deutschen Nationalbibliothek:

Die Deutsche Nationalbibliothek verzeichnet diese Publikation
in der Deutschen Nationalbibliografie.
Detaillierte bibliografische Daten sind im Internet
über **http://dnb.d-nb.de** abrufbar.

1 2 3 14 13 12

Ravensburger Leserabe
© 2010 für die Originalausgabe
Ravensburger Buchverlag Otto Maier GmbH
© 2012 für die Ausgabe mit farbigem Silbentrenner
Mildenberger Verlag und
Ravensburger Buchverlag Otto Maier GmbH
Umschlagbild: Betina Gotzen-Beek
Umschlagkonzeption: Sabine Reddig
Printed in Germany
ISBN 978-3-619-14352-8
(für die gebundene Ausgabe im Mildenberger Verlag)
ISBN 978-3-473-38545-4
(für die broschierte Ausgabe im Ravensburger Buchverlag)

www.mildenberger-verlag.de
www.ravensburger.de
www.leserabe.de

Inhalt

Ein Schloss im Meer

Pimpinella Seestern
ist eine echte Prinzessin.

Sie wohnt mitten im Meer
in einem wunderschönen Schloss,
das aus schimmernden Muscheln
erbaut wurde.

Wie bei jedem Meermädchen
leuchten ihre Augen knallgrün.
Aber so rote Locken wie sie
hat keine andere Meerjungfrau.

Bis heute hat das Muschelschloss
kein Seefahrer entdeckt.

Nur nachts funkeln seine Türme
so hell wie die Sterne am Himmel.

Mit ihrer Flosse flitzt Pimpinella
durch das Wasser wie ein Fisch,
am liebsten natürlich
mit anderen um die Wette.

Sie schwimmt sogar schneller
als ihr bester Freund Thomas.

Trotz seiner acht Arme
wird der Tintenfisch
immer nur Zweiter.

Meist stolpert er vor Eifer
und verknotet sich.

Dann muss Pimpinella
ihn entwirren.

Pimpinellas Zimmer ist oben
im höchsten Turm.

Von ihrem Fenster aus kann sie
bis zum Korallenwald sehen.
Aber der ist gefährlich
und für Meermädchen
streng verboten.

Ein tolles Muschelversteck

Pimpinella ist richtig gut gelaunt.
Seit einer Woche geht sie
in die erste Klasse.
Gerade hat sie ihre Aufgaben fertig.

Sie freut sich schon riesig
auf die Fischkunde-Stunde morgen.

Dann erfährt sie endlich,
was Fische immer so blubbern.

Vorsichtig legt sie
ihre nagelneue Schultasche
auf den Schreibtisch.

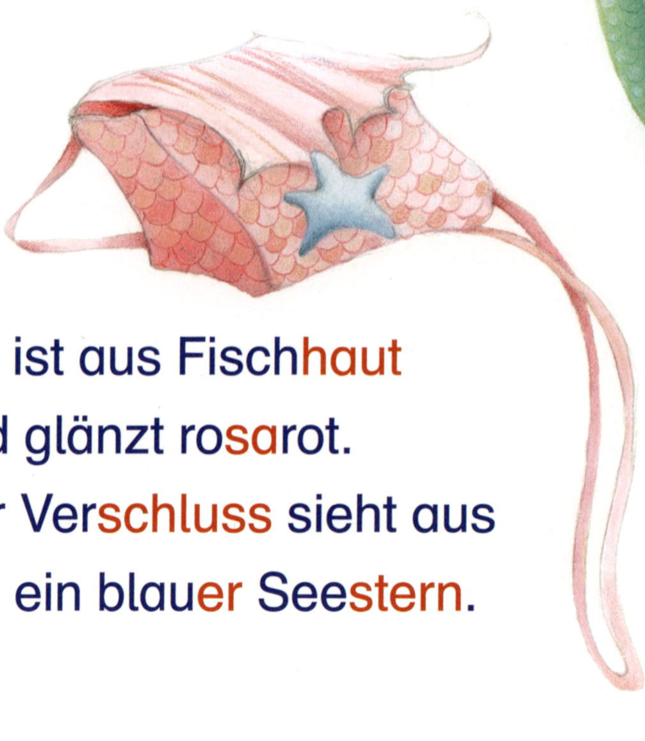

Sie ist aus Fischhaut
und glänzt rosarot.
Der Verschluss sieht aus
wie ein blauer Seestern.

Die Schule ist auch im Schloss.
Wie praktisch!

„Ich könnte aus meinem Bett
direkt ins Klassenzimmer plumpsen“,
erzählt Pimpinella kichernd
der Schildkröte Basi.

Nur: Was würde Frau Seehase, ihre Klassenlehrerin, sagen, wenn Pimpinella im Schlafanzug vor ihre Flossen kullerte?

„Nella, komm mit uns spielen!“,
ruft eine laute Stimme.
Neugierig schaut Pimpinella hinunter
in den Schlossgarten.

Thomas fuchtelt ungeduldig
mit den Armen.

Umringt wird Thomas von Fischen,
die Pimpinella aufgeregt
mit ihren Flossen zuwinken.
„Los, mach dich auf die Schuppen!“

So drollige Fische
hat Pimpinella noch nie gesehen.
Sie haben lustige lila Punkte
auf ihren Schuppen.

Die fremden Fische
überschütten Nella
mit fröhlichem Geblubber.

Leider versteht sie
keine einzige Blase.

Im Schlossgarten gibt es
viele Plätze zum Verstecken.
Die Fische und Thomas
schießen kichernd auseinander.

Pimpinella verschwindet
in einer Riesenauster.

Plötzlich muss sie heftig gähnen.
Ganz schön anstrengend,
so ein Schultag!
Sollen die anderen ruhig suchen!

Tule, pfeilschnell!

„Wo bin ich?“
Pimpinella schlägt
die Augen auf.

Von den Punktfischen und Thomas
ist keine Schuppe mehr zu sehen.
„Treulose Schnecken!“, schimpft sie.

„Meinst du mich?“,
ruft eine helle Stimme.

Ein kleiner Delfin
wirbelt mit seiner Schnauze
übermütig Sandkörner auf.

„Hallo!“, sagt Pimpinella neugierig
und purzelt aus der Auster.
„Wer bist du denn?“

„Ich heiße Tule!
Willst du mit mir spielen?
Mir ist so langweilig.“

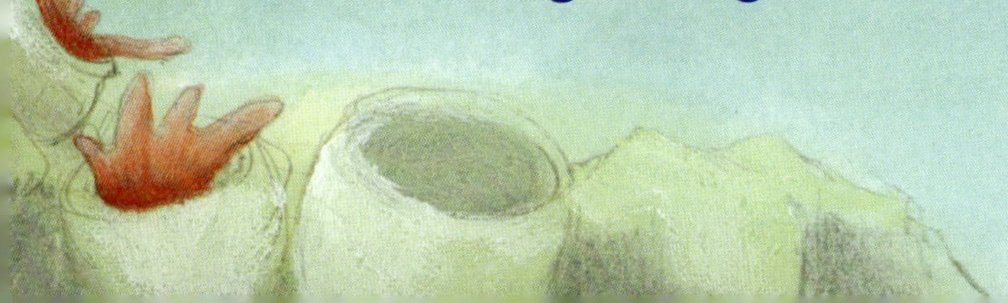

„Klar!“, ruft Pimpinella.
Sie ist wieder putzmunter.

„Wer als Erster
bei der Seegurke ist!“
Sie zappelt eilig los.

„Bin längst da!“,
schnattert Tule ihr entgegen.
„Das war leicht.“

„Grüne Spinnengrütze!
Du bist ja schneller als ein Floh!“,
ruft Pimpinella.
„Ein zweites Mal gewinnst du nicht!“

„Langweilig, lieber was Neues!“,
quengelt Tule.
„Die Wasserrosen dort
sehen schön aus!“

„Tolle Idee!“, stimmt Pimpinella zu.
„Ich bringe Frau Seehase
einen Strauß Rosen
für unser Klassenzimmer mit.“

Im Korallenwald

Je weiter Pimpinella schwimmt,
umso prächtiger
sehen die Blumen aus.

Tule hat schon das ganze Maul
voll herrlicher Blüten.

„Von den roten will ich
auch noch einen Zweig!“,
ruft Tule begeistert
und flitzt schnurstracks
in den Korallenwald hinein.

„Tule! Halt!“
Aufgeregt
paddelt Pimpinella
dem dummen Delfin
hinterher.

Im Wäldchen ist es so dunkel,
dass man kaum etwas erkennt.

Tapfer tastet sich Pimpinella
von Zweig zu Zweig.

Plötzlich sieht sie einen Schatten.
Ihr Herz schlägt bis zum Hals.
Im selben Moment streift sie
eine Art leuchtende Kugel,
ein Geisterpfeifen-Fisch.

„Unerhört!“, ruft die Geisterpfeife erschrocken.

„Ein Gespenst!“, jammert Tule und drückt seine Schnauze an Pimpinellas Hals.

„Der hat mehr Angst als wir“,
sagt Pimpinella
mit zitternder Stimme.

„Er schwimmt nach draußen.
Schnell hinterher!“

„Puh“, seufzt Pimpinella erleichtert.
„Glück gehabt!“
Aus der Ferne glitzert das Schloss.

„Du bist das mit Abstand
tapferste Meermädchen,
das ich kenne“, sagt Tule.

„Wie viele kennst du denn schon?“
Der kleine Delfin wird rot.

„Bis jetzt nur dich.
Sind wir trotzdem Freunde?“,
fragt er schüchtern.

„Klar!“ Pimpinella lacht froh.
„Aber nur, wenn wir gleich noch einmal
um die Wette schwimmen.
Und diesmal gewinne ich!“

Leserätsel
mit dem Leseraben

Super, du hast das ganze Buch geschafft! Hast du die Geschichte ganz genau gelesen? Der Leserabe hat sich ein paar spannende Rätsel für echte Lese-Detektive ausgedacht. Wenn du Rätsel 4 auf Seite 42 löst, kannst du ein Buchpaket gewinnen!

Rätsel 1
In dieser Buchstabenkiste haben sich vier Wörter aus der Geschichte versteckt. Findest du sie?

→ ↓

F	I	K	D	B	E	E
I	L	M	E	E	R	X
S	C	H	L	O	S	S
C	T	U	F	U	Ä	A
H	Ü	M	I	C	Z	F
U	A	W	N	O	Q	Z

Rätsel 2

Der Leserabe hat einige Wörter aus der Geschichte auseinandergeschnitten. Immer zwei Teile ergeben ein Wort. Schreibe die Wörter auf ein Blatt!

-fisch

Muschel-

Meer-

-schloss

-wald

Korallen-

-jungfrau

Tinten-

Rätsel 3

In diesem Satz von Seite 7 sind sieben falsche Buchstaben versteckt. Lies ganz genau und trage die falschen Buchstaben der Reihe nach in die Kästchen ein.

Biss heuete hate das Muschielschloss kein Seegfahreer elntdeckt.

1	2	3	4	5	6	7

Rätsel 4

Beantworte die Fragen zu der Geschichte.
Wenn du dir nicht sicher bist, lies auf den Seiten noch mal nach!

1. In welcher Farbe leuchten Pimpinellas Augen? (Seite 6)

M: Knallgrün.

R: Rot.

2. Wo versteckt sich Pimpinella? (Seite 21)

A: Im Korallenwald.

U: In einer Riesenauster.

3. Wem begegnet Pimpinella im Korallenwald? (Seite 33)

O: Einem Gespenst.

H: Einem Geisterpfeifen-Fisch.

Lösungswort:

1	2	S	C	3	E	L

Rabenpost

Jetzt wird es Zeit für die Rabenpost! Besuch mich doch auf meiner Homepage **www.leserabe.de** und gib dort unter der Rubrik „Leserätsel“ das richtige Lösungswort ein. Es warten außerdem noch tolle Spiele und spannende Leseproben auf dich! Oder schreib eine E-Mail an **leserabe@ravensburger.de**. Jeden Monat werden 10 Buchpakete unter den Einsendern verlost! Natürlich kannst du mir auch eine Karte schicken.

An den LESERABEN
RABENPOST
Postfach 2007
88190 Ravensburg
Deutschland

Ich freu mich immer über Post!

Dein Leserabe

Lösungen:
Rätsel 1: Fisch, Meer, Schloss, Delfin
Rätsel 2: Meerjungfrau, Korallenwald, Muschelschloss, Tintenfisch
Rätsel 3: Seeigel

Ravensburger Bücher vom Leseraben

Leserabe

1. Lesestufe für Leseanfänger ab der 1. Klasse

ISBN 978-3-473-**36204**-2

ISBN 978-3-473-**36389**-6

ISBN 978-3-473-**36393**-3

2. Lesestufe für Leseanfänger ab der 2. Klasse

ISBN 978-3-473-**36208**-0

ISBN 978-3-473-**36173**-1

ISBN 978-3-473-**36395**-7

3. Lesestufe für Leseanfänger ab der 3. Klasse

ISBN 978-3-473-**36210**-3

ISBN 978-3-473-**36214**-1

ISBN 978-3-473-**36187**-8

www.ravensburger.de / www.leserabe.de

Ravensburger

ERZ_09_004